Putenleber in Senfsahne

Zum kurzen, scharfen Anbraten eignet sich der Wok ganz besonders gut.

Für Gäste • Preiswert

Zutaten für 4 Personen:
500 g Putenleber (frisch oder tiefgekühlt) • 20 g getrocknete Steinpilze
1/8 l trockener Weißwein (ersatzweise Apfelsaft) • 250 g kleine Schalotten
40 g Butterschmalz • Salz
schwarzer Pfeffer, frisch gemahlen
250 g Sahne • 2 Teel. scharfer Senf
1–2 Teel. Weinessig
20 g kalte Butter • 1 Prise Zucker

- Zeit zum Auftauen: über Nacht
- Zeit zum Einweichen: etwa 30 Minuten
- Zubereitungszeit: etwa 35 Minuten

Pro Person etwa: 2200 kJ/520 kcal

1

Tiefgekühlte Putenlebern aus der Packung nehmen und über Nacht im Kühlschrank auftauen lassen. Die Steinpilze in dem Wein etwa 30 Minuten einweichen. Die Schalotten schälen und in einzelne Zehen trennen. Die Lebern abspülen, trockentupfen und noch vorhandene Häute abziehen. Die Lebern in mundgerechte Stücke schneiden.

2

20 g Butterschmalz im Wok stark erhitzen und die Lebern darin portionsweise unter ständigem Pfannenrühren (Seite 34) rundherum etwa 2 Minuten kräftig anbraten. Herausnehmen, jeweils leicht salzen und kräftig pfeffern. Das Bratfett abgießen.

3

Das restliche Butterschmalz im Wok nicht zu stark erhitzen und die Schalotten darin unter ständigem Wenden zart bräunen, bis sie weich sind. Herausnehmen und das Bratfett abgießen.

4

Die Pilze in einem Sieb abtropfen lassen, dabei die Einweichflüssigkeit auffangen und durch eine Filtertüte gießen. Die Pilze in schmale Streifen schneiden.

5

Die Einweichflüssigkeit mit der Sahne im Wok bei starker Hitze unter Rühren cremig einkochen. Den Wok von der Kochstelle nehmen. Die Hitze reduzieren. Den Senf, den Essig und in kleinen Flöckchen die Butter einrühren. Den Wok wieder auf die Kochstelle setzen, die Mischung darf aber nicht mehr aufkochen.

6

Die Lebern mit ihrem Saft, die Schalotten und die Pilze in die Sauce geben und alles erwärmen. Mit Salz, Pfeffer und dem Zucker abschmecken.

Weder Pfanne noch Topf,

ist der Wok das ideale Kochgeschirr schlechthin: Es gibt kaum eine Gartechnik, für die er nicht geeignet wäre. Schon Jahrtausende in China benutzt, trat er von dort aus seinen Siegeszug an. Seit einigen Jahren ist der Wok auch in unseren Breiten sehr beliebt. Ein Grund dafür: die kurze Garzeit der Zutaten. So bleibt alles knackig frisch und appetitlich, und die Speisen sind im Nu servierfertig. Auch das Kochen im Wok ist schnell gelernt, wenn Sie einige Regeln beachten. Wagen Sie sich an das exotische Kochgerät – Sie werden sich bald fragen, wie Sie vorher ohne ausgekommen sind.

Hühnerbrust mit Champignons

Die Raffinesse liegt in der köstlichen Würzmarinade.

Raffiniert

Zutaten für 4 Personen:
500 g Hühnerbrust (ohne Haut und Knochen)
4 Eßl. süße Sojasauce (Ketjab Manis)
1/2 Teel. Chilisauce
6 Eßl. trockener Sherry (Fino)
2 Zwiebeln
300 g kleine weiße Champignons
1 große rote Paprikaschote
1 Teel. Speisestärke
4 Eßl. Erdnußöl
1 Teel. Weinessig
Salz

- Marinierzeit: etwa 30 Minuten
- Zubereitungszeit: etwa 35 Minuten

Pro Person etwa: 720 kJ/170 kcal

1

Die Hühnerbrust abspülen, trockentupfen und in etwa 3 cm große Würfel schneiden (Seite 18). Die Sojasauce, die Chilisauce und den Sherry verrühren. Die Hühnerbrustwürfel darin etwa 30 Minuten marinieren.

2

Die Zwiebeln schälen, längs halbieren und in dünne Schnitze teilen. Die Champignons putzen, möglichst nicht waschen. Dann in Viertel schneiden. Die Paprikaschote halbieren und vom Kerngehäuse befreien. Die Schotenhälften abspülen, trockentupfen und quer in etwa 1/2 cm dicke Streifen schneiden.

3

Die Hühnerfleischwürfel in einem Sieb abtropfen lassen, dabei die Marinade auffangen. Die Marinade mit der Speisestärke verrühren und beiseite stellen.

4

2 Eßlöffel Öl im Wok erhitzen. Den Wok dabei schwenken. Die Hühnerfleischwürfel darin unter häufigem Wenden rundherum zartbraun braten. Dann auf das Abtropfgitter legen.

5

Das restliche Öl im Wok erhitzen. Die Zwiebeln darin bei starker Hitze unter Rühren etwa 1 Minute braten, dann die Paprikastreifen hinzufügen und etwa 1/2 Minute mitbraten. Zuletzt die Pilze dazugeben und alles etwa 1 Minute pfannenrühren (Seite 34).

6

Die Marinade und den Essig in den Wok einrühren und bei starker Hitze einmal aufkochen lassen. Die Hühnerfleischwürfel hinzufügen und kurz erhitzen. Das Gericht mit Salz abschmecken und rasch servieren.

Gebratene Nudeln mit Putenfleisch

Dieses Gericht verdankt sein Aroma der süßen Sojasauce Ketjab Manis.

Fernöstlich

Zutaten für 4 Personen:
250 g Instant-Mie-Nudeln (chinesische Weizennudeln)
Salz • 500 g Broccoli
400 g Putensteak • 1 rote Paprikaschote
1 grüne Paprikaschote • 2 Zwiebeln
1–2 Knoblauchzehen • 6 Eßl. Erdnußöl
3–4 Eßl. süße Sojasauce • 1 Eßl. Sesamöl
einige Tropfen Chilisauce

• Zubereitungszeit: etwa 45 Minuten

Pro Person etwa: 2100 kJ/500 kcal

1

Reichlich Salzwasser zum Kochen bringen. Die Nudeln darin etwa 6 Minuten ziehen, aber nicht mehr kochen lassen. In ein Sieb schütten, kalt abbrausen und abtropfen lassen.

2

Den Broccoli waschen, putzen und in Röschen teilen. Reichlich Salzwasser aufkochen lassen und den Broccoli darin etwa 3 Minuten blanchieren, abgießen, kalt abschrecken und gut abtropfen lassen.

3

Die Putensteaks längs halbieren und schräg zur Faser in dünne Streifen schneiden (Seite 18). Die Paprikaschoten halbieren, von den Kerngehäusen befreien, abspülen, trockentupfen und quer in feine Streifen schneiden. Die Zwiebeln und den Knoblauch schälen. Die Zwiebeln längs halbieren und in dünne Scheiben schneiden. Den Knoblauch sehr fein hacken.

4

2 Eßlöffel Erdnußöl im Wok erhitzen. Das Fleisch darin unter kräftigem Pfannenrühren rundherum Farbe nehmen lassen (Seite 34). Das Fleisch in eine Schüssel geben und mit etwas von der Sojasauce beträufeln.

5

Nochmals 2 Eßlöffel Erdnußöl in den Wok geben. Darin bei schwacher Hitze die Zwiebeln, den Knoblauch und die Paprikaschoten 2–3 Minuten dünsten, dann herausnehmen und zum Fleisch geben.

6

Im restlichen Erdnußöl und dem Sesamöl die Nudeln unter häufigem Wenden erhitzen. Das Fleisch, den Broccoli und das gedünstete Gemüse daruntermischen. Das Gericht kurz erwärmen, mit Soja- und Chilisauce pikant abschmecken und im Wok servieren.

Schweinefilet mit Paprika

Besticht durch seine schlichte Raffinesse (auch Titelbild).

Schnell

Zutaten für 4 Personen:
500 g Schweinefilet • 1 Eiweiß
3–4 Eßl. Sojasauce
2 Teel. Speisestärke
2 große grüne Paprikaschoten
1 große rote Paprikaschote
4 mittelgroße Zwiebeln
1 große rote Chilischote
4 Eßl. Erdnußöl
1 große Knoblauchzehe
100 ml Fleischbrühe (Instant)
3–4 Eßl. Reiswein (Sake; oder trockener Sherry)
Salz • Zucker

- Marinierzeit: etwa 15 Minuten
- Zubereitungszeit: etwa 30 Minuten

Pro Person etwa: 1200 kJ/310 kcal

1

Das Schweinefilet abspülen, trockentupfen, längs halbieren und schräg zur Faser in dünne Scheiben schneiden (Seite 18). Das Eiweiß mit 2 Eßlöffeln Sojasauce und der Speisestärke verquirlen. Die Fleischstreifen darin etwa 15 Minuten marinieren. Dabei hin und wieder wenden.

2

Die Paprikaschoten halbieren und von den Kerngehäusen befreien. Die Schotenhälften abspülen, trockentupfen und in etwa 2 cm große Würfel oder Rauten schneiden.

3

Die Zwiebeln schälen, längs halbieren und in sehr dünne Schnitze teilen. Die Chilischote längs aufschlitzen und die Samen herauskratzen. Die Schotenhälften abspülen, trockentupfen und in feine Streifen schneiden.

4

2 Eßlöffel Erdnußöl im Wok erhitzen und das Fleisch darin bei starker Hitze portionsweise unter Rühren Farbe nehmen lassen. Herausnehmen und in eine Schüssel geben.

5

Das restliche Öl in den Wok geben. Mit den Zwiebeln beginnend das Gemüse darin unter kräftigem Pfannenrühren (Seite 34) etwa 3 Minuten garen. Erst dann die Knoblauchzehe schälen, durch die Presse über das Gemüse geben und kurz mitbraten.

6

Die Fleischbrühe, den Reiswein und nach Geschmack noch 1–2 Eßlöffel Sojasauce sowie das Fleisch mit seinem Saft hinzufügen und alles einmal kurz aufkochen lassen. Das Gericht mit Salz und etwas Zucker abschmecken.

Hühnerbrust mit Erdnüssen

Frischer Ingwer gibt der köstlichen Würzsauce besonderen Pfiff.

Für Gäste

Zutaten für 4 Personen:
400 g Hühnerbrust (ohne Haut und Knochen)
4 Eßl. helle Sesamsamen
3 Eßl. Sojasauce • 2 Teel. Chilisauce
2 Teel. Zucker
1 Stück frische Ingwerwurzel (etwa 3 cm)
1 große Knoblauchzehe • 1 Eigelb
2 Eßl. Reiswein (Sake; oder trockener Sherry)
schwarzer Pfeffer, frisch gemahlen
1 Bund Frühlingszwiebeln
4 junge Möhren • 3 Eßl. Erdnußöl
100 g ungesalzene, ungeröstete Erdnußkerne
1/8 l Hühnerbrühe (Instant)

- Marinierzeit: etwa 30 Minuten
- Zubereitungszeit: etwa 25 Minuten

Pro Person etwa: 1800 kJ/430 kcal

1

Das Fleisch in etwa 2 cm große Würfel schneiden (Seite 18). Die Sesamsamen mit der Sojasauce, der Chilisauce und dem Zucker im Mixer pürieren.

2

Die Ingwerwurzel und die Knoblauchzehe schälen, in grobe Stücke teilen und durch die Presse über die Paste drücken (Seite 18). Eigelb, Reiswein und Pfeffer unter die Paste mischen. Die Fleischwürfel in der Paste etwa 30 Minuten marinieren.

3

Die Frühlingszwiebeln waschen, putzen und schräg in etwa 1 1/2 cm breite Ringe schneiden. Die Möhren schälen und schräg in dünne Scheiben schneiden.

4

1 Eßlöffel Erdnußöl im Wok erhitzen. Die Erdnüsse darin bei starker Hitze unter ständigem Rühren in etwa 1 Minute goldbraun rösten und herausnehmen.

5

Das restliche Öl im Wok erhitzen. Darin zuerst die Möhrenscheiben ganz kurz pfannenrühren (Seite 34) und an den Rand schieben. Die Frühlingszwiebeln hinzufügen, etwa 1/2 Minute braten und ebenfalls an den Rand schieben.

6

Zum Schluß das marinierte Fleisch portionsweise in den Wok geben und Farbe nehmen lassen, nicht bräunen. Die Brühe unterrühren und alles einmal aufkochen lassen. Das Gericht mit den Erdnüssen bestreuen und servieren.

Geschmortes Rindfleisch

Ein Gericht, das seine besondere Würze durch Sesamöl erhält.

Gelingt leicht

Zutaten für 4 Personen:
500 g Rinderlende
2 Eßl. süße Sojasauce (Ketjab Manis)
1 Teel. Chilisauce
2 Eßl. Speisestärke
2 Teel. Aceto balsamico (Balsamessig)
3 Eßl. trockener Sherry (Fino)
2 Teel. brauner Zucker (oder 3 Würfel)
Salz
4 Eßl. Erdnußöl
2 Teel. Sesamöl
1 Eßl. helle Sesamsamen

- Marinierzeit: etwa 30 Minuten
- Zubereitungszeit: etwa 25 Minuten

Pro Person etwa: 1600 kJ/380 kcal

!

Da das Gericht ohne Gemüse zubereitet wird, sollten Sie zuvor einen Salat, zum Beispiel aus Sojabohnensprossen und feinen Möhrenstiften, reichen.

1

Das Fleisch abspülen, trockentupfen, schräg zur Faser in dünne Scheiben und diese in etwa 1/2 cm breite Streifen schneiden (Seite 18). Das Fleisch mit der Sojasauce und der Chilisauce mischen. Die Speisestärke mit den Fingerspitzen unter das Fleisch kneten. Das Fleisch zugedeckt etwa 30 Minuten ziehen lassen.

2

Aceto balsamico, Sherry, Zucker und Salz verrühren, bis Zucker und Salz sich aufgelöst haben. 2 Eßlöffel Erdnußöl im Wok erhitzen. Den Wok etwas schwenken, damit das Öl sich gut verteilt.

3

Darin etwa ein Drittel der Fleischmenge unter kräftigem Pfannenrühren (Seite 34) rundherum braun anbraten und herausnehmen. 1 Eßlöffel Erdnußöl nachgießen. Das zweite Fleischdrittel braten und herausnehmen. Das restliche Erdnußöl hinzufügen und mit dem übrigen Fleisch ebenso verfahren.

4

Das Öl fast vollständig aus dem Wok abgießen. Die Würzmischung und das Sesamöl hineingeben und alles aufkochen lassen. Die Fleischstreifen hinzufügen und bei starker Hitze so lange rühren, bis sie ganz von der Sauce überzogen sind. Mit den Sesamsamen bestreuen und servieren.

Vietnamesische Frühlingsrollen

Die Teigblätter gibt es in gut sortierten Supermärkten oder im Asienladen.

Raffiniert

Zutaten für 4 Personen:
24 tiefgekühlte Wan-Tan-Teigblätter (ersatzweise fertig ausgerollten Pizzateig aus dem Kühlregal)
100 g geschälte Tiefseegarnelen
1 Kopfsalat • 2 Eßl. Erdnußöl
250 g gemischtes Hackfleisch
1 Teel. Speisestärke
2 Eßl. Reiswein (Sake; oder trockener Sherry)
2 Eßl. Sojasauce • Salz
6 Frühlingszwiebeln
200 g Bohnensprossen (aus Dose oder Glas)
Zum Fritieren: 1/2 l Erdnußöl
Zum Tunken: Soja- und Chili-Würzsauce

- Zeit zum Auftauen: etwa 45 Minuten
- Zubereitungszeit: etwa 35 Minuten

Pro Person etwa: 2000 kJ/480 kcal

1

Die Teigblätter nebeneinander zwischen zwei feuchte Tücher legen und auftauen lassen (Seite 19). Die Garnelen abspülen, abtropfen lassen und nicht zu fein hacken. Den Kopfsalat waschen, putzen und abtropfen lassen.

2

Das Öl im Wok erhitzen und das Hackfleisch darin unter Rühren krümelig braten. Die Speisestärke in dem Reiswein auflösen, unter das Fleisch rühren und alles einmal aufkochen lassen. Dann in eine Schüssel geben und mit der Sojasauce und Salz abschmecken. Den Wok reinigen.

3

Die Frühlingszwiebeln waschen, putzen und in feine Ringe schneiden. Die Bohnensprossen abtropfen lassen und alles mit den Garnelen unter das Fleisch mischen.

4

Jeweils etwa 1 Eßlöffel von der Fleischmasse in die Mitte eines Teigblattes geben. Zuerst die untere Ecke jedes Teigblattes über die Füllung schlagen, dann die seitlichen Ecken. Die obere Ecke mit etwas Wasser anfeuchten, den Teig von unten her aufrollen und die Ecke festkleben (Seite 19).

5

Zum Fritieren das Öl im gesäuberten Wok erhitzen (Seite 34). Darin immer 3–4 Frühlingsrollen auf einmal in etwa 4 Minuten rundherum goldgelb ausbacken (Vorsicht, Spritzgefahr!). Die fertigen Rollen auf das Abtropfgitter legen, bis alle Frühlingsrollen fertig sind. Jede Rolle in 1 Blatt Kopfsalat wickeln und vor jedem Biß in Sojasauce oder Chili-Würzsauce tunken.

Fleisch schnetzeln

1 Schweinefilet, Rinderfilet, Hähnchen- oder Putenfleisch erst längs zur Faser in entsprechend breite Streifen teilen.

2 Die Fleischstücke dann mit einem scharfen Messer quer zur Faser in hauchdünne Scheiben schneiden.

Ingwer vorbereiten

1 Saftigen Ingwer ohne holzige Stellen schälen, in hauchdünne Scheiben und dann in feine Würfel oder Stifte schneiden.

2 Wenn Sie keine Stücke im Essen mögen, oder die Knolle holzig ist: Den geschälten Ingwer in Stücke schneiden, durch eine Knoblauchpresse drücken und nur den Saft ans Gericht geben.

Frühlingsrollen füllen

1 Die tiefgekühlten Teigblätter zwischen feuchten Tüchern auftauen lassen. Die Blätter so hinlegen, daß eine Ecke nach vorn zeigt. Die Füllung in die Mitte geben.

2 Erst die vordere Ecke, dann die seitlichen Ecken über die Füllung schlagen und die Teigblätter fest von unten her aufrollen.

Mangoldröllchen vorbereiten

1 Die Stiele der Mangoldblätter herausschneiden. Reichlich Salzwasser aufkochen lassen. Die Mangoldblätter darin etwa 1/2 Minute blanchieren, dabei mit einem Holzlöffel herunterdrücken.

2 Die Blätter in ein Sieb geben, kalt abbrausen und trockentupfen. Die Füllung über dem Einschnitt in die Blattmitte legen. Die Seiten darüber klappen. Die Blätter zur Spitze hin fest aufrollen.

Garnelen-Mango-Curry

Dieses Gericht ist nicht ganz billig – aber unvergleichlich köstlich.

Festlich

Zutaten für 4 Personen:
1 große Mango (etwa 500 g)
3 Scheiben gekochter Schinken ohne Fettrand (je etwa 50 g)
2 mittelgroße Zwiebeln
2 Knoblauchzehen
2 grüne Chilischoten
250 g geschälte Tiefseegarnelen
1 Dose Kokosmilch (400 ml)
2–3 Eßl. Currypulver
Salz
2–3 Teel. Zitronensaft

- Zubereitungszeit: etwa 30 Minuten

Pro Person etwa: 830 kJ/200 kcal

1

Die Mango schälen. Das Fruchtfleisch am Stein entlang ablösen und in etwa 2 cm große Würfel schneiden. Den Schinken in etwa 2 cm lange und 1/2 cm breite Streifen schneiden.

2

Die Zwiebeln schälen und fein würfeln. Die Knoblauchzehen schälen und ganz fein hacken. Von der Chilischote die Stengelansätze entfernen. Die Schoten halbieren und die Kerne herauskratzen. Die Schotenhälften abspülen und in sehr feine Streifen schneiden.

3

Die Garnelen kurz kalt abspülen, abtropfen lassen und mit Küchenpapier trockentupfen. Von der Kokosmilch 2 Eßlöffel der festen, oberen Schicht abnehmen und im Wok erhitzen, bis sich am Rand Bläschen bilden.

4

Die Zwiebelwürfel, den Knoblauch und die Chilischote darin pfannenrühren (Seite 34), bis die Zwiebeln glasig sind. Erst jetzt die Garnelen hinzufügen und unter ständigem Pfannenrühren etwa 1 Minute braten (Seite 34).

5

2 Eßlöffel Curry darüber stäuben und gründlich unterrühren. Dann rasch die restliche Kokosmilch unterrühren und erhitzen, aber nicht aufkochen lassen.

6

Die Mangowürfel und die Schinkenstreifen unterheben und unter ständigem Rühren erwärmen. Das Gericht mit Salz, dem Zitronensaft und eventuell dem restlichen Curry abschmecken.

Mangoldröllchen mit Garnelen

Statt Garnelen kann man so auch zartes Fischfilet umhüllen.

Braucht etwas Zeit

Zutaten für 4 Personen:
250 g geschälte Tiefseegarnelen • Salz
weißer Pfeffer, frisch gemahlen
1 Eiweiß • 125 g gut gekühlte Sahne
50 g Crème fraîche • 1 kg Mangold
1/2 l trockener Weißwein
1 kleines Lorbeerblatt • 3 Eigelb
Currypulver

- Zeit zum Kühlen: etwa 1 Stunde 10 Minuten
- Zubereitungszeit: etwa 50 Minuten

Pro Person etwa: 1700 kJ/400 kcal

1

Die Garnelen abspülen und abtropfen lassen. In eine Schüssel geben, salzen, pfeffern und etwa 20 Minuten ins Gefrierfach stellen. Die Garnelen mit dem Eiweiß und der Sahne im Mixer pürieren. Wieder in die Schüssel geben und 30 Minuten in den Kühlschrank stellen.

2

Die Garnelenmasse herausnehmen, die Crème fraîche darunterrühren. Die Masse mit Salz und Pfeffer kräftig würzen und nochmals etwa 20 Minuten kalt stellen.

3

Inzwischen reichlich Salzwasser zum Kochen bringen. Aus den Mangoldblättern keilförmig die Stiele herausschneiden. Die Blätter im kochenden Wasser etwa 1/2 Minute blanchieren. Die Blätter abgießen, kalt abbrausen, trockentupfen und auf einem Küchentuch ausbreiten (Seite 19).

4

Aus der Garnelenmasse etwa daumengroße Röllchen formen. Jeweils ein Röllchen in die Mitte eines Mangoldblattes legen, die Blattseiten darüber klappen. Die Blätter dann zur Spitze hin fest aufrollen (Seite 19).

5

Den Wein mit dem Lorbeerblatt im Wok erhitzen. Den Siebeinsatz hineinstellen. Die Mangoldröllchen so darauf legen, daß sie sich nicht berühren. Im geschlossenen Wok bei schwacher Hitze etwa 10 Minuten dämpfen (Seite 34).

6

Die Röllchen auf einer vorgewärmten Platte anrichten. Das Lorbeerblatt aus dem Wein fischen. Die Eigelbe verquirlen und mit dem Schneebesen in den Wein einrühren, bis dieser als Sauce bindet. Nicht mehr aufkochen lassen, weil das Eigelb sonst gerinnt. Die Sauce mit Currypulver und Salz abschmecken und um die Röllchen gießen.

Dazu schmecken Bandnudeln.

Merlanfilets im Kräuter-Dampf

Die Merlanfilets können durch kleine Schollenfilets ersetzt werden.

Raffiniert • Gelingt leicht

Zutaten für 4 Personen:
8 Merlanfilets (je etwa 80 g)
2 Eßl. Zitronensaft • 1 Bund Dill
1 Bund gemischte Kräuter der Saison
2 Schalotten • 1/4 l trockener Riesling
Salz • weißer Pfeffer, frisch gemahlen
70 g kalte Butter • 50 g Crème fraîche
1 Eigelb

• Zubereitungszeit: etwa 35 Minuten

Pro Person etwa: 1500 kJ/360 kcal

1

Die Merlanfilets kurz abspülen, trockentupfen und eventuell noch vorhandene Gräten mit einer Pinzette entfernen. Die Filets mit dem Zitronensaft beträufeln und etwa 10 Minuten ruhen lassen.

2

In der Zwischenzeit den Dill und die Kräuter abspülen und trockentupfen. Die Hälfte der gemischten Kräuter zur Seite legen, die andere Hälfte und den Dill mit den Stielen grob hacken. Die Schalotten schälen und nicht zu fein würfeln.

3

Die gehackten Kräuter, die Schalotten und den Wein in den Wok geben. Den Siebeinsatz hineinstellen und den Wein aufkochen lassen. Die Hitze dann wieder reduzieren.

4

Die Merlanfilets leicht salzen und pfeffern und auf den Siebeinsatz legen. Die Hälfte der Butter in Flöckchen darauf verteilen und den Fisch zugedeckt bei schwacher Hitze etwa 6 Minuten dämpfen (Seite 34). In der Zwischenzeit die zur Seite gelegten Kräuter ohne die groben Stiele fein hacken.

5

Die Filets aus dem Siebeinsatz heben, auf einer vorgewärmten Platte anrichten und warm halten. Den Sud durch ein Sieb in einen Topf gießen, mit der Crème fraîche vermischen und bei starker Hitze cremig einkochen lassen.

6

Etwas von der Sauce abnehmen und mit dem Eigelb verquirlen. Die Mischung in die restliche Sauce rühren, nicht mehr kochen lassen, sonst gerinnt das Eigelb. Die restliche kalte Butter in kleinen Stücken in die Sauce einrühren. Die Sauce mit Salz und Pfeffer abschmecken, mit den gehackten Kräutern vermischen und über die Fischfilets gießen.

Dazu schmecken Bandnudeln und in Butter gedünstete Möhren.

Tofu in Pfeffersauce

Der zarte Tofu nimmt besonders gut fremde Aromen an.

Fernöstlich

Zutaten für 4 Personen:
2 Blöcke Tofu (je 250 g)
100 g chinesische Glasnudeln
4 mittelgroße rote Zwiebeln
3 Knoblauchzehen
1 große rote Chilischote
4 Eßl. Erdnußöl • 1 Eßl. Sesamöl
1/4 l Hühnerbrühe (Instant)
1 Eßl. Speisestärke
2 Eßl. Reiswein (Sake; oder trockener Sherry)
2–3 Eßl. Sojasauce • 1/2 Teel. Zucker
schwarzer Pfeffer, grob geschrotet

- Zeit zum Pressen: etwa 30 Minuten
- Zubereitungszeit: etwa 30 Minuten

Pro Person etwa: 1400 kJ/330 kcal

1

Die Tofublöcke auf einen flachen Teller legen, mit einem Holzbrett bedecken und darauf zwei volle Konservendosen stellen. Den Tofu so etwa 30 Minuten pressen. In der Zwischenzeit reichlich Wasser erhitzen. Die Glasnudeln darin etwa 3 Minuten ziehen lassen, dann in ein Sieb schütten, kalt abschrecken und gründlich abtropfen lassen.

2

Die Zwiebeln schälen, halbieren und in dünne Scheiben schneiden. Den Knoblauch schälen und sehr fein hacken. Von der Chilischote den Stielansatz entfernen. Die Schote halbieren und die Kerne herausschaben. Die Schotenhälften abspülen, trockentupfen und in feine Streifen schneiden. Den Tofu trockentupfen und in etwa 2 cm große Würfel schneiden.

3

1 Eßlöffel Erdnußöl im Wok erhitzen. Die Zwiebeln, den Knoblauch und die Chilischote darin bei starker Hitze braten, bis die Zwiebeln glasig sind. Dann alles herausnehmen. 2 weitere Eßlöffel Erdnußöl im Wok heiß werden lassen. Den Tofu darin unter Wenden zart braun braten und auf das Abtropfgitter legen.

4

Die Glasnudeln in etwa 10 cm lange Stücke schneiden. Das restliche Erdnußöl mit dem Sesamöl im Wok erhitzen. Die Glasnudeln darin knusprig braten und beiseite stellen. Die Brühe in den Wok gießen und aufkochen lassen. Die Speisestärke mit dem Reiswein glattrühren, die Brühe damit binden.

5

Die Tofuwürfel und die Zwiebelmischung dazugeben. Das Gericht mit der Sojasauce, dem Zucker und Pfeffer scharf würzen. Erst jetzt die Glasnudeln hinzufügen.

Geschmortes Zitronenhuhn

Ein Gericht, das man in China und ähnlich auch in Griechenland kennt.

Braucht etwas Zeit

Zutaten für 4 Personen:
1 Poularde (etwa 1200 g)
4 Knoblauchzehen • Salz
1 Stück frischer Ingwer (etwa 2 cm)
5 Eßl. Zitronensaft • 3 Eßl. Sojasauce
1 Eßl. Sesamöl
1/2 l Hühnerbrühe (Instant)
1 Teel. Chilisauce • 1 Eßl. Tomatenmark
2 Frühlingszwiebeln
Zum Braten: 1/2 l Erdnußöl

- Marinierzeit: etwa 30 Minuten
- Zubereitungszeit: etwa 1 1/4 Stunden

Pro Person etwa: 1700 kJ/700 kcal

1

Von der Poularde die Ober- und Unterschenkel abtrennen. Den Körper längs und quer halbieren. Die Stücke abspülen und mit Küchenpapier trockentupfen.

2

Die Knoblauchzehen schälen, grob hacken und mit etwas Salz zerdrücken. Den Ingwer schälen und durch die Presse zum Knoblauch geben. Mit jeweils 2 Eßlöffeln Zitronensaft und Sojasauce sowie dem Sesamöl verrühren.

3

Die Poulardenteile in der Marinade etwa 30 Minuten ziehen lassen, dann abtropfen lassen und die Marinade dabei auffangen. Die Poulardenteile mit Küchenpapier abtupfen.

4

Das Erdnußöl im Wok erhitzen und die Poulardenteile darin bei starker Hitze portionsweise rundherum braun braten. Vorsicht, Spritzgefahr! Das Fleisch herausnehmen und das Öl abschütten.

5

Die Marinade, die Brühe, die Chilisauce, das Tomatenmark, den restlichen Zitronensaft und die übrige Sojasauce im Wok aufkochen lassen. Die Poulardenteile darin bei schwacher Hitze in etwa 1 Stunde weich schmoren (Seite 34).

6

Die Frühlingszwiebeln putzen und schräg in feine Ringe schneiden. Die Poulardenteile auf dem Abtropfgitter warm halten. Den Schmorfond bei starker Hitze dicklich einkochen lassen. Das Fleisch auf einer Platte anrichten, mit dem Fond überziehen und mit den Frühlingszwiebeln bestreuen.

Rot geschmorte Fleischbällchen

Ein köstliches Gericht, bei dem die Küche von Shanghai Pate stand.

Für Gäste

Zutaten für 4 Personen:
400 g magerer Schweinebauch und 200 g Schweinefilet (vom Fleischer durchdrehen lassen)
4 Eßl. Ananassaft (Dose; ersatzweise Apfelsaft)
2 Eßl. frisch gepreßter Limettensaft (ersatzweise Zitronensaft)
1 Eiweiß
etwa 175 g Semmelbrösel
200 ml Hühnerbrühe (Instant)
2 Eßl. Zucker
3 Eßl. Weinessig
3 Teel. Speisestärke
3 Eßl. Sojasauce
Zum Fritieren: 1/4 l Erdnußöl

- Zeit zum Kühlen: etwa 20 Minuten
- Zubereitungszeit: etwa 45 Minuten

Pro Person etwa: 3600 kJ/860 kcal

1

Das Fleisch mit 2 Eßlöffeln Ananassaft, dem Limettensaft und dem Eiweiß verkneten und 20 Minuten in den Kühlschrank stellen. Die Fleischmasse dann mit kühlen Händen zu kleinen Bällchen von etwa 3 cm Durchmesser formen. Die Bällchen in den Semmelbröseln wenden.

2

Das Erdnußöl im Wok erhitzen. Immer nur so viele Fleischbällchen auf einmal ins heiße Öl gleiten lassen, daß sie sich nicht berühren. Vorsicht, Spritzgefahr! Jede Portion in etwa 3 Minuten unter häufigem Wenden knusprig braun braten (Seite 34). Die Bällchen mit einem Schaumlöffel herausheben und auf einer dicken Lage Küchenpapier abtropfen lassen.

3

Das Öl aus dem Wok abschütten. Den restlichen Ananassaft, die Hühnerbrühe, den Zucker und den Weinessig hineingießen. Die Speisestärke mit der Sojasauce anrühren und unter Rühren dazugeben. Alles so lange kochen lassen, bis sich eine sämige Sauce gebildet hat. Eventuell mit etwas Salz nachwürzen.

4

Die Bällchen in die Sauce geben und unter mehrmaligem Wenden so lange schmoren, bis sie ganz von der Sauce überzogen sind. Rasch auf einer vorgewärmten Platte anrichten und servieren.

Geschmorte Gurke mit Rindfleisch

Dieses Gericht schmeckt mit süßer Sojasauce besonders gut.

Gelingt leicht

Zutaten für 4 Personen:
1 große Salatgurke (etwa 500 g) • Salz
400 g Rinderhüfte • 1 Knoblauchzehe
1 große rote oder grüne Chilischote
4 Frühlingszwiebeln • 3 Eßl. Erdnußöl
4 Eßl. süße Sojasauce
2 Eßl. Hühnerbrühe (Instant; ersatzweise Wasser)
1 Teel. Sesamöl

- Zubereitungszeit: etwa 30 Minuten

Pro Person etwa: 1200 kJ/290 kcal

1

Die Gurke schälen, längs vierteln und die Kerne herausschaben. Die Gurkenstreifen gleichmäßig würfeln. Die Würfel mit 1 Teelöffel Salz vermischen und etwa 10 Minuten ruhen lassen.

2

Das Fleisch abspülen, trockentupfen, längs durchschneiden und schräg zur Faser in ganz feine Streifen schneiden (Seite 18). Die Gurkenwürfel kalt abbrausen und gründlich abtropfen lassen.

3

Die Knoblauchzehe schälen und fein hacken. Von den Chilischoten den Stielansatz entfernen. Die Schote längs halbieren, die Kerne herauskratzen. Die Schotenhälften abspülen, nochmals längs durchschneiden und quer in ganz feine Streifen schneiden. Die Frühlingszwiebeln waschen und putzen. 1 Zwiebel in hauchdünne Ringe schneiden und beiseite stellen. Die übrigen Frühlingszwiebeln in knapp 2 cm dicke Ringe schneiden.

4

2 Eßlöffel Erdnußöl im Wok erhitzen und die Fleischstreifen darin unter ständigem Pfannenrühren (Seite 34) rundherum Farbe nehmen lassen. Herausnehmen, mit der süßen Sojasauce vermischen und beiseite stellen.

5

Das restliche Erdnußöl im Wok erhitzen, den Knoblauch, die dicken Frühlingszwiebelringe und die Chilischote darin einige Sekunden pfannenrühren. Die Gurkenwürfel hinzufügen und etwa 3 Minuten unter Rühren glasig braten.

6

Das Fleisch mit seinem Bratensaft und die Hühnerbrühe in den Wok geben. Alles unter kräftigem Rühren noch etwa 1 Minute schmoren. Erst dann eventuell mit etwas Salz und mit dem Sesamöl würzen. Mit den feinen Zwiebelringen bestreuen und servieren.

Der Wok – ein Universalgenie

Die Besonderheit des Wok liegt sowohl in der sich nach unten verjüngenden Form als auch darin, daß er – unabhängig vom Material – sehr stark erhitzbar ist. Diese Eigenschaften sind die Voraussetzung dafür, daß im Wok alles besonders rasch gart. Deshalb müssen vorher alle Zutaten fix und fertig geputzt und kleingeschnitten, Würzsaucen gemixt und Gewürze gemischt sein.
Ein weiterer Vorteil des Wok: man benötigt nur wenig Fett. 3–4 Eßlöffel Öl oder die entsprechende Menge Schmalz sind im allgemeinen für ein Gericht genug.
Beim Garen ist die richtige Reihenfolge wichtig: Zuerst kommt Fleisch oder grobfaseriges Gemüse, wie Möhren oder Zwiebeln. Was gar ist, wird an den Rand geschoben oder auf das Abtropfgitter gelegt. Dann folgen die übrigen Zutaten.

Die Gartechniken

• Zum *Dämpfen* etwa 3/4 l Wasser oder Brühe im Wok aufkochen lassen. Die Zutaten (Fisch, Meeresfrüchte, Gemüse, Teigteile) in einen Siebeinsatz legen, sie dürfen dabei die Flüssigkeit nicht berühren. Den Deckel auflegen und alles bei schwacher Hitze garen.
• Das *Schmoren* im Wok gleicht unserer Technik. Allerdings braucht man dank der gleichmäßigen Hitzeverteilung weniger Flüssigkeit und Zeit.
• In den meisten asiatischen Ländern versteht man unter Braten das *Fritieren*, für das man im Wok, nur wenig Öl (etwa 1/2 l) braucht. Das Öl wird erhitzt; es ist heiß genug, wenn an einem hineingetauchten Holzlöffelstiel kleine Bläschen aufsteigen. Vorsicht, Spritzgefahr!
• Typisch für das Garen im Wok ist das *Pfannenrühren*. Das Gargut wird dabei mit der chinesischen Kochschaufel, dem Chan, in horizontaler Bewegung im Wok ständig gewendet. Es kommt nur kurz mit dem heißen Boden in Berührung, kühlt an den Wänden wieder ab und kann nicht anbrennen. Die Temperatur muß dabei gleichbleibend sehr hoch sein, damit sich die Poren des Garguts rasch schließen und alles saftig und knackig bleibt.

Hilfreiches Zubehör

Den meisten Woks liegt das wichtigste Zubehör bei, manchmal müssen Sie es getrennt kaufen. Dafür sind die einzelnen Teile gedacht:
1 Deckel: zum Schmoren und Dämpfen
2 Abtropfgitter: es wird an den Rand des Woks gehängt und dient zum Ablegen oder Warmhalten größerer, schon gegarter Zutaten
3 Chan (chinesische Kochschaufel): er ist ideal zum Pfannenrühren
4 Sieblöffel: mit ihm läßt sich Fritiertes leicht herausheben
5 Schöpfkelle: allein oder mit dem Chan zusammen zum Herausheben der fertigen Speisen
6 Große Stäbchen: zum Rühren
7 Bambuskörbchen und Siebeinsatz: zum Dämpfen
8 Bambusbesen: zur anschließenden Reinigung
Originale Eisenwoks sollten Sie ausschließlich mit dem Bambusbesen reinigen und anschließend dünn mit Öl ausstreichen, damit sie nicht rosten.